Copyri

The characters and events portrayed in this
book are fictitious. Any similarity to real
persons, living or dead, is coincidental and not
intended by the author.

No part of this book may be reproduced, or
stored in a retrieval system, or transmitted
in any form or by any means, electronic,
mechanical, photocopying, recording, or
otherwise, without express written permission
of the publisher.

ISBN-13: 9798388130068

Cover design by: Art Painter
Library of Congress Control Number:
2018675309
Printed in the United States of America

CONTENTS

Copyright

Introduzione   3

Il dono   6

La condivisione   10

Il cavaliere, la morte e il diavolo[8]   17

La Parola come religione.   28

Parola, cose, vero e reale.   38

La Verità.   44

La Parola non indica ma compie.   51

La parola contro culturale.   54

La parola e la cosa   59

Sapiente e Incompetente.   66

Una specificazione   73

Uomo   83

La bellezza   87

La luce sul vulcano…[30]   97

Oggi   104

Verità   108

Chi e cosa   112

La tesi del "Pre…"   119

Ancora sul Pensiero, la Parola e la   123
lingua

Sconclusione   128

In copertina: San Girolamo scrivente, Caravaggio, 1606, Galleria Borghese, Roma.

INTRODUZIONE

Nessuna pretesa. Così ebbe a dire il mio amico Alberto Montini mentre mi raccontava del libro che narrava la magnifica realtà della sua impresa, la *Mastro de Paja*. Ma l'impresa più grande di Alberto è la sua stessa vita.

Nessuna pretesa, allora, devo dirlo anche io. Nessuna pretesa e nessuna ambizione per quanto in questo libretto andrò a dire. Esso nasce da un bisogno personale[1], quello di organizzare (senza peraltro riuscire nell'intento) un pensiero sul quale rifletto da un po' e, più precisamente, il continuo degrado di tutto ciò che mi circonda. Degrado, sia chiaro, al quale non sono estraneo.

Mi è venuta, in questi anni, l'idea

che lo scadimento della società (che non potrà mai essere migliore dei suoi componenti) sia stato determinato, o almeno favorito, dall'uso sempre meno coerente e consapevole della parola, del discorso e del pensiero, il quale ha ormai la sua genesi nell'eccesso smodato e nella degenerata cultura del non *dover essere*.

Ma cosa sta degradando? Cosa rende una società migliore o peggiore? Cosa è veramente la Parola reale e cosa è la Parola in sé? Ecco, da qui nasce questo libretto che non spiega, non illustra, non educa e non offre soluzioni, ma ha il solo risibile intento di dare uno sguardo a quel fenomeno che ci coinvolge tutti e dal quale siamo trascinati senza avere la forza di contrastare l'impetuosa corrente.

Cari amici a Voi dedico il mio delirio,

sgrammatico e puerile, redatto senza schema e senza metodo, di getto così come il pensiero si palesava. Mi perdonerete, pertanto, per il tempo che vi ho fatto perdere.

IL DONO

Anni fa, quando ero un giovane militante di partito (tacerò quale per mia comodità), venivano ciclicamente organizzati, a cura dell'esponente più autorevole del territorio magari un onorevole o un dirigente nazionale, degli incontri di formazione sull'esercizio della *vis* polemica e dell'*ars orandi*.

Lo scopo era quello di educare i possibili futuri dirigenti del partito ad affrontare, con competenza, le tematiche politiche che, via via, si presentavano all'attenzione dell'elettorato ma – e soprattutto – quello di imparare ad usare il vocabolo giusto, quello più appropriato, quello elegante e allo stesso tempo quello più suggestivo[2], che magari colpisse non solo l'udito dell'interlocutore ma anche il cervello, lanciandogli subito un'immagine che fosse capace di catturare la sua attenzione o, addirittura, la convinzione. La scelta del vocabolo, la costruzione del discorso, l'utilizzo appropriato della citazione forbita erano una componente essenziale se si riteneva di voler essere un valido e convincente divulgatore di una determinata idea politica. Per la verità, erano anche i tempi in cui alla base di una ideologia politica, vi era sempre una solidissima base filosofica e/o culturale. La politica aveva grandi radici; Jung, Evola, D'Annunzio, Marx, Gramsci, Einaudi, La Pira e così via, potrei continuare per qualche centinaio di pagine solo scrivendo i cognomi di coloro che erano il "pensiero solido" sul quale si sperava di costruire una società più giusta, sia a destra come anche al centro o a sinistra. La parola era centrale nella formazione dell'individuo. Essa era strumento per la conoscenza del pensiero e passaporto per il riconoscimento dell'individuo da parte della comunità. Quando mi riferisco al termine "parola", ad essa mi riferisco in un senso più ampio, non si tratta di esercizio di stile, di mera abilità retorica; mi riferisco, invece, alla efficacia della parola nel senso che intendeva Platone: *la parola e la sua estrinsecazione il discorso, devono essere veri, efficienti, efficaci ed hanno l'obbligo della competenza e della verità.*

Competenza, che parola fantastica. Ma il competente ha lasciato il posto all'esperto e, quest'ultimo, mentre ci abbandonava, lasciò la porta di casa aperta. Fu così che la dimora abitata dagli *eloquentes*, venne occupata dall'*uomo tecnico*.

Ma i miei tempi erano già il crepuscolo della parola, l'epilogo della sua forma.

LA CONDIVISIONE

La parola, per sua stessa volontà, non vuole essere sufficiente a sé stessa. Essa vuole andare incontro a colui che ne sarà degno utilizzatore, come uno strumento, come "οργανον", per il percorso di costruzione dell'uomo e per la completa realizzazione dell'umanità. La condivisione, quindi, è elemento fondamentale e caratterizzante della parola.

La condivisione, quindi, diviene il primo elemento di manifestazione della parola e a sua volta, la condivisione, deve assumere lo stesso livello di dignità e di valore. Colui che decide di condividere la parola, anche solo rimanendo nel mondo dell'oralità, nell'uso che farà della parola, articolandola in discorso, avrà il dovere di adottarla e darle la forma migliore affinché essa possa *movere, docere e delectare*[3].

Nell'uso della parola e articolandola nel discorso, l'uomo ha il dovere di scegliere con competenza.

Si avrà il dovere di essere "eloquente" e non "loquace". Il loquace, infatti, parla senza dire, non scuote l'animo e non diletta, non condivide. Non può trasmettere ciò che non possiede; l'eloquenza, d'altro canto, forma e condivide; forma il pensiero e ne consente la diffusione. È questo il momento genetico del pensiero collettivo, del pensiero sano. È in questo modo che la comunità cresce mediante la formazione dei "λόγοι" (lògoi = discorsi) consapevoli. Bisogna però essere attenti e vigili affinché i discorsi eloquenti e ottimi non si trasformino in Δισσοὶ λόγοι (*dìssoi lògoi*) – in ragionamenti doppi – sempre pronti a manifestarsi al fine di seppellire il bello, il buono ed il vero sotto la coltre umida e putrefatta dell'antilogica, del disinteresse e del relativismo indifferente. Allorquando, il pensiero doppio compare esso è come il *venticello della calunnia*, si insinua sottile sino a divenire *tremoto e temporale*[4]. L'assoluta e fondamentale importanza della parola, la vedi là dove essa impoverisce. Nello stesso momento inizierà il degrado del pensiero e la stessa umanità sarà in pericolo. L'impoverimento della parola è sempre inscindibile dall'impoverimento del pensiero. Ma chi è che attenta alla parola? L'attacco peggiore e più violento, oggi come ieri, è portato dalla "tecnica" e dai suoi novelli sacerdoti, i quali ritengono che la generazione del pensiero non necessiti della parola e del discorso. L'impoverimento, per sua stessa definizione, costituisce uno squilibrio e, come tale, mina nella sua stessa essenza l'armonia della comunità. Una società disarmonica è ovviamente una società nella quale alcun punto di equilibrio può essere trovato. In essa non si condivide, ma si divide; non si fonde uomo con uomo ma si confonde l'uomo con l'abito che indossa.

Baruch Spinoza diceva che, di fronte alle umane vicende, abbiamo l'*obbligo di capire*; allora proviamo a capire chi dovrà condurre questa tenzone e come. L'uomo in quanto tale ha il dovere di recuperare la parola e – come sempre in linea con Spinoza – dovrà essere l'uomo "forte"[5], colui che nella lotta non dovrà temere l'angoscia, l'invidia e la paura. L'Uomo Forte lontano dalle passioni, le quali indeboliscono il senso morale e appiattiscono l'uomo su se stesso, recupererà la Parola e non temerà né l'oblio né la morte ma da essi trarrà il senso della vita e in comunione con gli uomini liberi conseguirà lo scopo. Recuperare la Parola non significa solo recuperare il linguaggio e l'espressione (di cui diremo più avanti) ma qualcosa di più profondo, riguadagnerà l'intero processo di formazione della parola; dal pensiero che per primo l'ha pensata o da essa è stato prodotto sino all'espressione ultima che l'ha utilizzata. Essa sarà verità in sé e via per essa stessa. Essa è uno e parte dell'uno; *in unum omnia et in omnia unum*. Se fallirà nel tentare il recupero dell'intero processo di formazione, allora non ci sarà che un unico epilogo alla crociera umana.

Un unico punto, l'infinito pensiero e l'infinita parola si perderanno e l'uomo storico finirà con essa; non ci sarà più l'uomo alla ricerca dell'infinita Verità e del senso nascosto dell'antica sapienza. Nascerà, così, l'uomo apparato, funzionale al sistema ma inutile a sé stesso e all'umanità. Anche Giambattista[6] avrà, così, avuto torto dalla storia. L'uomo *"alogo"* ovvero senza parola, con la sua maschera e con una falsa morale a presiedere il suo determinarsi, avrà ottenuto la sua vittoria nei confronti dell'uomo forte. Sarà essa definitiva? L'ordine razionale della parola non può essere incrinato dall'alogia, dalla privazione del Logos. La disarmonia e lo squilibrio non appena entreranno in contatto con la struttura perfetta del Lògos ne saranno vinti ciò in virtù dell'elementare principio di sintesi

dell'equilibrio delle forze.

In fine temporis tui, auctoritates sacras illologicas deseres et ad cor Logicae et Dialecticae confugies. Felicitatem cum iustitia repone, Tempus erit iterum concordi cum Uno. Verum, bonum et pulchrum non in substitutione positiva ponuntur, sed in conversione intima. Non rationis vis est, sed conceptio innata.[7]

IL CAVALIERE, LA MORTE E IL DIAVOLO[8]

L'immagine di questa incisione è sempre di fortissimo impatto. Ognuno, nell'atto di guardarla, non può fare a meno di darne un'interpretazione ed ognuno troverà in essa la decodificazione più congeniale al pensiero che vuole condividere con gli altri. Anche io, per natura vanitoso, farò come tantissimi illustri conferenzieri che hanno utilizzato l'incisione del trittico *Meisterstiche* per introdurre un discorso o condividere una tesi. Se per l'artista, forse, il cavaliere rappresentava la forza del cristiano difeso dalla corazza della fede mentre procede tra la morte ed il diavolo, Husserl, invece, ne dava un'interpretazione diversa: vedeva nel cavaliere un'allegoria della sua Fenomenologia. Cosa ci vedo io? La Parola che procede sicura tra la morte che simboleggia l'oblio e il silenzio ed il diavolo, il quale rappresenta il potere dell'antilogica e dell'eristica, il potere degli uomini aloghi. E sarà così la lotta perenne tra il Logos e l'Alogia.

Cosa è l'Alogia (a-logos, senza parola), chi

è l'alogo e quale è il disvalore che gettano sull'uomo individuo e sull'uomo sociale? È, a mio avviso, necessario cercare di darne una connotazione, se non precisa, almeno quanto più possibile vicino a quella reale per individuare il problema. Procediamo con ordine e facciamo finta che questo sia un lavoro serio. L'Alogia (e con il termine ci riferiamo alla sola alogia concettuale e non certo all'evento patologico che porta lo stesso nome) dovrebbe essere ciò che è estraneo (*extra nos*) alla logica, ma non contrario ad essa; cioè quello che tendenzialmente si vuole affermare è che l'alogia è estranea alla logica ma nella sua essenza ontologica non è illogica. La definizione, largamente affermata dagli studiosi, mi trova in leggero disaccordo e, se mi è concesso, vorrei illustrare il mio pensiero. È vero che ciò che estraneo non è di per sé contrario, ma è pur vero che ciò che è estraneo è diverso da ciò che si ritiene altra cosa rispetto ad esso. Nel caso specifico, però, essere diversi dalla logica ed estranei ad essa può avere una unica definizione, l'illogicità! Il che sarebbe indirettamente confermato dall'analisi del soggetto affetto da alogia concettuale (nell'opera di Dürer lo identifichiamo con la morte). Il soggetto alogo ha caratteristiche ben precise e facilmente individuabili: vive un forte disagio socioculturale che abilmente maschera con il disprezzo verso gli altri; profondamente ignorante e abietto assume sempre comportamenti di spocchiosa superiorità morale di mera facciata mentre in realtà è amorale e cinico; abituato ad indurre l'altro alla demotivazione e al rifiuto di sé evidenziando la convenienza dell'emulazione piuttosto che quella dell'essere. Egli è, inoltre, intollerante e demagogo. Spesso siffatto campione della razza umana si appella alla tecnica e alla scienza al fine di dare una parvenza di verosimiglianza alle sue tesi iniziando a snocciolare numeri, statistiche o ricerche, di dubbia genesi, per tentare di validare le sue affermazioni in quanto è anche sufficientemente vigliacco per riferire che sono frutto della sua insipienza. Ricordo che, quando ero uno studente liceale, di scarsissimo profitto tra l'altro, ebbi la sventura di avere un professore che racchiudeva tutte le "qualità" appena elencate, e anche qualcuna in più. Un essere il cui disagio non aveva altra possibilità di riscatto se non mediante la demotivazione dell'altro, ovvero dei poveri studenti che avevano avuto la sfortuna di incontrarlo. Per fortuna che l'universo è in perenne e perfetto equilibrio per cui alla sciatteria pedagogica e umana, oltre che all'assoluta assenza di ogni forma - anche embrionale - di morale del nostro faceva da contraltare la grandissima cultura e umanità della professoressa di latino e greco. Ma adesso divago. Torniamo a noi. Dicevo, l'uomo alogo rappresenta il momento dell'oblio del pensiero e della parola. L'appiattimento becero e qualunquista dell'uomo comune, in poche parole, dell'uomo inutile e invidioso soprattutto di fronte al suo simile. Ma quest'uomo non è una novità di oggi, anzi la casistica inizia da lontano e, per meglio esplicare il mio pensiero proverò a riferire esempi del passato per meglio rendere il concetto. Coloro che condannarono Socrate non sono forse annoverabili nella categoria degli uomini aloghi? Pilato, anch'egli non è parte della schiera? Alla domanda possiamo rispondere affermativamente senza timore di smentita. Ma la più bella tratteggiatura dell'uomo alogo ci viene dalla letteratura la quale ha disegnato l'alogia incarnata e definendo in maniera paradigmatica il soggetto al quale ci stiamo riferendo. Umberto Eco ci ha donato un libro eccezionale, "Il Nome della Rosa"[9]. Nel racconto è mirabilmente tratteggiata la figura dell'uomo alogo incarnata da padre Jorge da Burgos, il monaco zelante che voleva relegare all'oblio della memoria anche Aristotele. Nonostante lo sfoggio della propria erudizione, nonostante le dotte citazioni delle Scritture, padre Jorge è un soggetto che profondamente avversa la conoscenza (quella conoscenza che prevede necessariamente il percorso

formativo di pensiero-parola-discorso),
perché la "Parola" è in grado di
sovvertire ciò che è noto con il nuovo,
perché la parola è in grado di travolgere
la tradizione pur preservandola; ciò non
può essere accettato dall'uomo alogo,
da quell'uomo nel quale la limitazione
del suo pensiero e inversamente
proporzionale alla grandezza del proprio
egocentrismo. Ecco padre Jorge lo
possiamo utilizzare come parametro
per individuare l'uomo privo di parola
anche se estremamente verboso. Il suo
palesarsi preannuncia la venuta del
diavolo il quale, come anche nell'opera
di Dürer, incalza la Parola ed è sempre
pronto a colpire alle spalle. Cosa colpisce
alle spalle per tentare di terminare
definitivamente la libertà di conoscere
dell'Uomo? La miseria dell'uomo e
con questo intendo tutto quanto già

individuato, dalla invidia fino alla infamia.

Ma se è vero che tutte le vie del pensiero giungono alla parola, allora anche i pensieri che si relazionano alla alogia perverranno alla medesima parola? No, essi giungono al *vocabolo*, o peggio ancora al *termine*, e tra questi grande è la differenza; vocaboli e termini sono privi di anima. Ma la parola è dotata di un'arma potentissima affinché l'oblio e il diavolo non prevalgano. La filosofia. Ma non la filosofia nell'accezione comune che ci insegnano a scuola, ricordate il vostro professore che spiegava come il termine significasse amare il sapere, amore per la sapienza etc. etc. (da φιλεῖν phileîn = amare e σοφία sophía = sapienza o saggezza e quindi amore per la sapienza) ecco appunto, magari il termine significa anche questo, ma la parola "filosofia" indica anche altro, essa concettualizza quale è il dono più profondo della Parola: la custodia della evidenza, della chiarezza e quindi della Luce e della Verità. Infatti, in greco antico σαφής, σαφές (safès) vuol dire chiaro o evidente e φιλεῖν (filèin) non vuol dire solo amare ma anche aver cura, tenere come caro, custodire.

Allora lotteremo "*e molto; ho creduto nella mia vittoria. È già qualcosa essere arrivati fin qui. Non aver temuto di morire, aver preferito coraggiosa morte a vita imbelle*"[10].

LA PAROLA COME
RELIGIONE.

E Gesù gli disse: *"Io sono la via, la verità e la vita; nessuno viene al Padre se non per mezzo di me"*[11].

Ma cosa significa? Quale interpretazione dare? Proviamo a vedere se una interpretazione - chiaramente eretica - come quella che segue possa reggere; tanto la scomunica non la temo!

Il senso più ovvio potrebbe essere: *la via verso la verità è la vita*; e in qualche modo la compie aggiungerei.

È un punto di vista certamente giusto quello secondo cui l'uomo non può compiere nessun percorso di avvicinamento alla Verità senza gli strumenti necessari. A differenza degli animali, noi non conosciamo la realtà solo con noi stessi, ma ci avvaliamo di alcuni strumenti. Il principale di questi è la Parola e la sua aurea estrinsecazione costituita dal discorso. Ma qual è la natura della parola? Essa è strumento che ci aiuta nell'avvicinamento alla Verità? oppure è essa stessa parte della Verità? e, in tal caso e per tal motivo, compirebbe un percorso al contrario; dalla Verità all'uomo?

Proviamo a dare ordine. Il Vangelo di Giovanni dice anche *"In principio era il Verbo, e il Verbo era presso Dio, e il Verbo era Dio...tutto è stato fatto per mezzo di lui"*[12]. Immediatamente siamo portati a pensare che la Parola è parte della Verità ed è Lei che si muove verso l'uomo e non strumento di quest'ultimo per la ricerca della Verità. La suggestione è forte e sembra farci intravedere un brandello della soluzione. Ma potrebbe anche essere più complesso di così e potrebbe verificarsi che nessuna delle due proposizioni interrogative precedentemente formulate sia giusta. Ora, se noi analizziamo la sequenza "Parola-Discorso" avvertiamo immediatamente che il binomio non è completo se ad esso non si aggiunge un terzo elemento; il Pensiero che forse, nell'ambito della sequenza, precede addirittura il binomio.

Cari amici, abbiamo così delineato una trinità laica, la Trinità della Ragione che, da adesso in poi, tratteremo con il rispetto dogmatico tipico dei "baciapile". Come accennato poche righe fa, al fine di continuare l'esegesi della "via verso la verità" al fine di dare un senso compiuto alla vita, dobbiamo adesso interrogarci se il pensiero precede, o meno, la parola e il discorso. La risposta più semplice, ovvero che il pensiero viene prima della parola e del discorso non è detto che sia giusta. La tesi della formazione in successione: *penso, parlo e discuto*, non sempre è corretta. Mutuando dal nostro Giordano Bruno, proviamo a chiederci se è possibile che sia la Parola a generare il Pensiero, così come Giordano diceva che era il Pensiero a creare la materia. In qualche modo, questa proposizione potrebbe essere vera.

Il Pensiero non dipende dal linguaggio[13]. È un dato di fatto, di facile riscontro, che in alcune culture proprio in virtù del particolare alfabeto e della peculiare lingua, il pensiero abbia goduto di una più facile genesi e di una migliore veicolazione verso l'esterno, godendo di un respiro più ampio rispetto ad altre culture o società. Penso quale esempio alla Grecia classica, oppure alla Germania di Kant, Fichte, Schelling, Hegel etc. etc.; ciò proprio in virtù del fatto che la lingua greca, così come quella tedesca, consentono una migliore articolazione, ovvero una migliore resa espositiva di un pensiero, finendo di fatto alla considerazione che è la Parola ad aver generato il Pensiero il quale – in diverse circostanze – non sarebbe venuto ad esistenza per l'impossibilità di una sua corretta manifestazione. Ad onor del vero ci sono forme di scrittura che includono in esse stesse la genesi del pensiero, ad esempio gli ideogrammi cinesi, ma che proprio a causa della loro forma di rappresentazione grafica quasi chiudono il pensiero sigillandolo in confine grafico impedendone, o rendendo più difficile in ogni caso, la condivisione. Un discorso parzialmente diverso deve essere fatto, invece, per la scrittura pittorica degli Egizi che adotta una matrice simbolica per cui la condivisione è rivolta solo a coloro i quali sono in grado di riceverla, ai sapienti in genere e agli "introdotti". Beh! Platone sull'uso della scrittura come metodo per la diffusione del pensiero avrebbe qualcosa da ridire, ma sono sicuro che mi perdonerà.

Il linguaggio, poi, deve necessariamente realizzarsi in una lingua storica, mentre la Parola no. La Parola crea il mondo, la lingua ne articola la sua forma.

Su queste basi possiamo assumere che determinati sistemi linguistici sono più agevolmente utilizzabili per l'espressione di un pensiero, il quale diversamente sarebbe inesprimibile; allora si può affermare che – almeno in determinate circostanze – sia la Parola a generare il Pensiero.

Il Pensiero, quindi, opera per mezzo della parola che tuttavia, a sua volta, genera il pensiero. Logos e Noûs si identificano come il Padre ed il Figlio dei cristiani, identità di sostanza e natura li identificano. Ma Logos e Noûs, a differenza del cristianesimo, sono scevri dal delirio di autoritarismo ed onnipotenza connaturati alla concezione di un dio, essi sono e costituiscono il "libero pensiero"; il libero pensiero è prima dell'uomo, prima del mondo e prima di dio; poiché anche dio, prima di essere, è stato necessariamente pensato. Per cui parafrasando le Scritture potremmo pensare che a Dio possa essere stato detto ciò che il serpente disse ad Eva... *eritis sicut verbum*[14].

Mi perdoneranno coloro che mi stanno leggendo per quanto dirò, ma è necessario a questo punto, aggiungere due corollari a quanto detto:

-        primo corollario: pensiero, parola e discorso sono concettualmente, eticamente e filosoficamente superiori a ogni concetto di divinità l'uomo abbia mai costruito, soprattutto se prendiamo ad esempio il Dio dei cristiani che risulta ingannevole sin dalla sua costruzione. Toglie valore alla vita costringendo l'uomo a proiettarsi nel reale solo in funzione post mortem, soffocandolo con l'angoscia del peccato. Sul punto mi piace ricordare Goethe: "*il vero oscurantismo non consiste nell'impedire la diffusione di ciò che è vero, chiaro e utile, ma nel mettere in circolazione ciò che è falso*", concetto ripreso anche da Bertrand Russell che disse: "*in ogni nuova fase essi cercano di far dimenticare al pubblico il loro oscurantismo del passato, affinché l'oscurantismo presente non sia riconosciuto come tale"*;

- secondo corollario: il rapporto trinomiale è infinito, come infinite le manifestazioni che può generare; per cui perdonerete gli eccessi del mio dire ma l'infinito non può essere indagato con una mente equilibrata, ma solo con "eroico furore"[15], da esso attingo delizia e gioia e divengo non più servile peccatore ma libero pensatore.

Proprio dovendo scegliere un principio superiore al quale credere, ecco sceglierei questo; non riesco a proprio a essere cristiano, troppa presa ebbe su di me Nietzsche quando scrisse *"ai nostri tempi la religione cristiana è un'antichità che emerge da un'epoca remotissima, e il fatto che si presti fede a quella affermazione, mentre di solito si esamina con tanto rigore ogni pretesa, è forse il frammento più antico di questa eredità*"[16].

In ogni caso, anche i cristiani possono accettare la divinità della Parola senza timore di peccare e di essere scomunicati. Anche il loro dio si è definito Verbo e poi si è incarnato.

PAROLA, COSE, VERO E REALE.

Quella che scherzosamente, nonché per comodità di esposizione, abbiamo identificato con il nome di "Trinità della Ragione" (ma comodamente potremmo definirla in ogni altro modo atteso che, come abbiamo detto, è infinito il rapporto del trinomio e infinite sono le forme di manifestazione) pone un quesito che necessita qualche approfondimento. Abbiamo detto che la trinità compie un percorso in entrambi i sensi, verso l'uomo e verso la verità; quindi, la parola esplica solo ciò che è vero? Ciò che è vero, è anche sempre reale? Prima di procedere a verificare quanto detto, bisogna riconoscere la validità di un postulato essenziale, cioè che il falso non è detto che non appartenga alla sfera del giusto (si pensi ad esempio alla menzogna detta a fin di bene o per evitare un omicidio etc.); e se il falso è uguale al non vero, possiamo dire che anche "il non vero" appartiene alla sfera del giusto, ma poiché la sfera del giusto appartiene necessariamente alla verità, dobbiamo concludere che il falso è parte anch'esso della verità. Detto ciò, passiamo ad analizzare il problema che ci siamo posti. Ad avviso di questo asino che scrive la parola e il discorso, nelle proposizioni e nelle loro esplicazioni possono dire solo la verità la quale, in moltissimi casi ma non tutti, coincide con il reale. Obietterete, allora, che secondo questa formulazione sarebbero veri anche la Fata Turchina, l'unicorno, il serpente Jormungandr e la stessa terra piatta solo perché posso dirlo, sdoganando così, dal fantastico al reale, ogni possibile astruseria che la mente umana possa partorire. L'obiezione è seria e proverò a chiarire il mio pensiero: nel momento in cui un'idea, per quanto assurda, bizzarra e irreale, viene pensata e successivamente condivisa mediante la parola essa entra a pieno titolo nella sfera di ciò che noi percepiamo; essa è qui, la traduciamo in parole, la immaginiamo nella mente, la deridiamo in quanto bizzarra o impossibile; ma essa comunque è qui, è tra noi nel mondo che definiamo reale. È un'idea e le idee esistono nel mondo reale, su questo non possono esserci dubbi, come non possono esserci dubbi sul fatto che l'esistenza non è necessariamente collegata alla materia. Essa pertanto è reale, anche se bizzarra, impossibile anche falsa al di fuori del postulato assunto, ma c'è...è qui. Adesso, mentre aspetto lo psichiatra perché oggi non ho preso la pillola, proverò a dire qualcos'altro.

Abbiamo delineato per sommi capi un procedimento di natura dinamica composto da pensiero, parola e discorso. Ma il dinamismo proprio del trinomio non è da intendersi in senso lineare, se procedesse linearmente sarebbe costretto a procedere in una unica direzione, non potrebbe percorrere il percorso inverso (quello dalla Verità all'uomo) e nella linearità dell'incedere finirebbe per perdere contatto con il punto di origine. Allora il dinamismo del trinomio dobbiamo identificarlo con un moto circolare, come un cerchio dove Pensiero e Parola sono continuamente

Principio e Fine l'uno dell'altro e nel mentre Pensiero e Parola saranno perennemente l'inizio e la fine del cerchio, cosa sarà del discorso? Il discorso è l'eterna circonferenza che genera il raccordo sistematico tra gli elementi del trinomio. Racchiuso tra Pensiero e Parola sarà geloso custode e spettatore di quella eterna genesi della Parola e della costante morte dell'uomo sulla

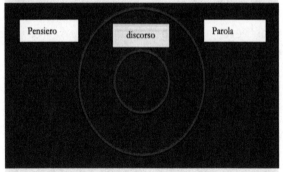

via del pensiero. Abbiamo detto

qualcosa sulla Via, qualcosina però dovremmo dirla ancora sulla Verità, senza voler far torto a Vostro Signore Gesù che restò muto alla domanda direttagli da Ponzio Pilato di dirgli cosa fosse la verità e alla quale seppe opporre soltanto un lungo silenzio. Forse anche lui condivideva l'assunto secondo il quale la Verità è indefinibile mediante proposizioni. Ma, in considerazione del fatto che noi non siamo dei raffinati pensatori, ma dei rozzi ottusi che, come le mosche contro il vetro, ostinatamente tentano di raggiungere una libertà che gli è preclusa, allora con grande immodestia e maggior ignoranza tenteremo di dare una definizione della Verità.

LA VERITÀ.

C he cosa è la Verità?
In tutte queste inutili pagine è stato detto che noi – in quanto uomini – conosciamo e possediamo la Trinità Razionale (pensiero-parola-discorso) la quale è anche uno strumento di conoscenza per giungere alla verità; ma essa è anche – almeno nell'elemento Parola – una parte della Verità che si svela all'uomo. Ebbene se conosciamo la Parola e questa è parte della Verità, in virtù del principio secondo cui conoscendo una parte possiamo conoscere il tutto, noi

conosciamo la Verità. Il concetto è di per sé semplice ma la lingua italiana non si presta alla migliore estrinsecazione dello stesso e ciò in forza di quanto detto prima circa l'esistenza di forme di linguaggio che rendono più agevole l'estrinsecazione del pensiero rispetto ad altre. In questo caso viene in nostro soccorso la lingua latina che pur non essendo la lingua più adatta alla filosofia, rende meglio comprensibile il concetto. San Tommaso d'Aquino disse (più o meno) *"idem est cognoscens in actum et cognitum in actu"*; ciò vuol significare che è la stessa cosa, numericamente una, il soggetto conoscente con l'oggetto conosciuto nell'atto del conoscere. Da qui il percorso si fa più semplice e possiamo dire che "poiché la Parola è Verità e noi conosciamo la Parola, allora noi conosciamo la Verità. Ma siccome il soggetto che conosce e la cosa conosciuta sono la stessa cosa, allora noi siamo la Verità in quanto conosciamo la Parola che è la Verità o parte di essa".

Alla fine, nemmeno io ho la risposta, non so cosa è la Verità, ma so, invece, chi è la Verità.

Si...va bene, ma ricordate quanto dicevamo prima "io sono la via, la verità e la vita", ma la vita cosa è? ...Possiamo applicare al concetto di Vita lo stesso teorema che abbiamo appena utilizzato per la Verità? Iniziamo col dire che la Vita ha una sua dimensione ontologica. Copiando Aristotele potremmo dire che la vita "è essere in quanto essere" indipendente da chi la vive ed autonoma da chi la crea. E su questo siamo tutti d'accordo, nessuno di noi ha una vita che vive secondo la propria volontà e la vita creata di certo non risponderebbe ad un ipotetico creatore in quanto, diversamente opinando, lo stesso creatore avrebbe contraddetto sé stesso creando la vita dell'uomo quale dominatore della natura per poi essere dominato dalla vita naturale che gli è stata donata...non reggerebbe... nemmeno nella follia della visione cristiana dell'esistenza. In quanto indipendente da me che la vivo e autonoma da chi me l'ha concessa, questa Vita cosa è e quale senso ha in relazione alla Via e alla Verità. Di esse è il compimento o il complemento?

Quid vitae?

Un primo regalo la Vita ce lo ha già fatto. Essa testimonia l'inesistenza della morte perché ciò che è in quanto essere non può divenire l'anticamera del non essere; ragion per cui delle due l'una! O non esiste la Vita o non esiste la morte. Per comodità scelgo la seconda opzione e poi la vita esiste, anche se non è legata alla materia. Questo lo avevamo già detto e mi sembra superfluo argomentarlo.

Abbiamo detto che la vita "è essere i quanto essere", indipendente da chi la vive o ne è vissuto ed autonoma da chi l'ha creata. In quanto "essere" che si colloca tra due momenti che non conosciamo ma che essendo immediatamente precedente e immediatamente successivo all'essere non possono non essere e ciò conferma che prima di questa vita e dopo di essa vi sono degli stati diversi di esistenza e di vita (indipendentemente dalla materia) e non potrebbe esserci uno stato di "non essere" in quanto *una substantia rerum*

est in entibibus quae prope inter se sunt".
Se tutto è "essere", quindi, esso deve
essere pieno, completo, perfetto etc. ed
una disarmonia dell'essere costituirebbe
l'esistenza del "non essere" all'interno
dell'essere e, come tale, inesistente
perché l'essere in quanto completo non
può "non essere". Possiamo dire, allora,
che la Vita in quanto essere compiuto e
completo è parte necessaria della Verità
di cui costituisce il completamento
e ne è *armonica compiutezza*. Questa
Trinità della Ragione allora trova la
sua esplicazione finale nell'UNO al quale
ogni pensiero tende; quell'UNO *"al di là
del bene e del male"*[17] che è dentro di
noi, ma anche fuori di noi, quell'UNO
che siamo noi, indifferenti alla materia
ed alla tecnica in quanto entità
sovradimensionali rispetto ad esse.
Chi cerca la verità all'esterno non la

troverà in nessun modo[18].

LA PAROLA NON INDICA MA COMPIE.

Q uanto detto a proposito della Vita, dovrebbe valere, quindi, anche per la Parola. Essa è il primo strumento e prescinde dall'utilizzatore. Non risponde a chi la usa. Non risponde a chi l'ha formata, semmai il contrario. Non risponde al fenomeno cui si riferisce.

La Parola è esclusiva ed esclusivista e nel momento stesso in cui si affaccia alle nostre labbra per essere pronunciata diviene, altresì, negazione suprema, in quanto indicando e soggettivizzando un fenomeno ne esclude ogni altro. Sarà, infine, genitrice perché ciò che sarà individuato dalla Parola viene in tal modo riconosciuto e immesso nel grande schema della categoria, cessando di essere ogni altra cosa era prima di essere individuato dalla Parola. Non è forse vero che appena sarà detto "cane" l'idea prenderà forma e non sarà più null'altro, la materia sarà identica all'idea e cesserà di essere ogni altra cosa fosse stata in precedenza. In questo senso la Parola è anche ghettizzante, relegando la materia in categorie, ma lo è per amore della Verità di cui è parte, quindi per amore di sé stessa e, in conclusione, la Parola si compiace di sé. Nondimeno essa vive costantemente un profondo disagio in quanto brutalizzata da uomini irresponsabili e da neologismi sgrammaticati i quali sembrano aver trovato nell'era attuale la loro "terra promessa". Il suo ruolo di strumento primario è gravemente sotto attacco con lo scopo di renderla gregaria della tecnica, giusto un gradino più in alto della serva.

Ma il funerale della Parola non mi pare sia stato ancora celebrato da *"quei tristi figuri di tal rozza complessione e ancor peggior fattezza che ti tolgono il piacere della solitudine senza ricompensarti con quello della compagnia"*[19].

LA PAROLA CONTRO CULTURALE.

Ricordate l'opera di Dürer? Il cavaliere, la Morte ed il Diavolo? Bene. Dicevamo che in esso potevamo leggere il cavaliere come la rappresentazione grafica della parola, che procede con sguardo fermo e puro verso la conoscenza; la Morte rappresentava l'oblio della parola e il Diavolo l'uso distorto e inquinato che della parola se ne sta facendo. Il diavolo si manifesta in molti modi, così anche l'uso distorto; esso può manifestarsi anche nella dogmatica convinzione, nella certezza o incertezza assoluta di essere gli unici propagatori della verità, quella con l'iniziale minuscola; il diavolo si manifesta sempre là dove non si nutre il dubbio e si idolatra la falsa certezza; costoro hanno "aperto il pozzo dell'Abisso"[20] asservendosi alla legge della Irresponsabilità. L'irresponsabilità culturale è il reato più grave che si possa compiere ma purtroppo non solo è privo di sanzione, ma non viene nemmeno percepito come tale.

L'uomo si è ribellato a quella che aveva frainteso essere una dittatura e nel compiere questo "golpe" si è trasformato in un loquace ciarlatano e null'altro. Ha abbandonato la parola non volendole concedere e riconoscere alcuna prerogativa o primato, cercando di distruggerla insieme al Pensiero ed al Discorso. Ma perdendo la Parola, l'uomo ha perso il Pensiero e l'ha perduto nel peggior modo possibile, non accorgendosene; convincendosi che il "contro-pensiero" che andava via via formulando non fosse altro che la migliore evoluzione del Pensiero originario. Ed eccolo l'uomo, baldanzoso e pagliaccio come non mai che idolatra se stesso ritenendo di aver completato la propria palingenesi, finalmente ha scoperto che aveva ragione il serpente. No, non è diventato dio, semmai uno *"spensierato ingegnere con la testa ad uovo ed il pensiero ristretto"* che elaborando la propria miseria culturale riterrà di aver completato l'opera.

Avevi ritenuto di andare lontano, carissimo Ingegnere con la testa a uovo, ma non ti sei accorto di girare a vuoto, nessun progresso è sorto dalle tue scempiaggini, nessun profitto abbiamo ricevuto. Fabrizio De André ci diceva che *"dal letame nascono i fiori"* ma da questo non saprei, fiori non di certo. Un breve inciso, non a caso ho citato Faber, un maestro della Parola insieme a Battiato, due che della Parola avevano il "gusto" e due testimoni della genesi – a tratti autonoma – della Parola e del Pensiero.

Ma l'arte, la filosofia, la musica, il linguaggio e il discorso storico e, comunque, la cultura in genere non esauriscono la Parola; di essa sono manifestazioni immanenti di un essere metafisico perfetto. Il punto di equilibrio tra Noûs e Logos e che diviene Organon nel momento stesso in cui manifesta il pensiero che ha generato quasi come un Gesù non rivelato, che svelerà la divinità della madre, la Parola, e la divulgherà al mondo mediante i suoi apostoli, i Logoi. Allora, nel momento storico che stiamo vivendo dove siamo sommersi dal letame senza cultura, dove l'abuso della Parola è immediatamente dinanzi ai nostri occhi nella sua crudeltà, mi viene solo voglia di chiedere quanto manca alla fine della notte. *Passerà la notte e tornerà il giorno, poi tornerà di nuovo la notte. Se volete interrogare, interrogate pure*[21]. Ahimè sarà sempre così? Avremo di fronte a noi cicli infiniti in cui all'inverno delle menti si affiancherà il deserto delle anime? Speriamo nei dotti, medici e sapienti che dovranno venire, essi metteranno le cose a posto e la Parola vedrà nuova Luce.

LA PAROLA E LA COSA

Diciamolo subito, Parola e cose stanno insieme e non è possibile dividerle. La Parola è un amante gelosa e possessiva. La Parola, però, è dinamica e muta nel tempo e nello spazio.

La Parola poi è generatrice di materia, in senso dinamico e plastico, è natura viva, immersiva e tangibile, nella Parola c'è tutto e tutto è nella Parola. Ad esempio, se dico la parola "fiume" immediatamente lo vedrò nella mia mente proprio come reale davanti agli occhi. Vedrò i colori delle sue acque, vedrò gli alberi lungo le rive ed i ciottoli bagnati, ascolterò il cinguettio degli uccelli e il rumore del vento tra le foglie, avvertirò la frescura che proviene dalle sue rive e vedrò lo scoglio che sfida impavidamente la corrente, pur sapendo già della sua futura sconfitta. Ecco tutto questo – ma si potrebbero aggiungere infinite appendici alla caratterizzazione della cosa soggettivata dalla Parola – e tutto questo solo nella parola "fiume". Quanto detto vale per ogni cosa che viene toccata dalla Parola ma con una particolarità: mentre la cosa nominata diviene esclusivamente sé stessa – il cane diviene cane e null'altro – e resta legata al mondo fenomenico, la Parola no, essa racchiude l'infinito, gli universi e i mondi e dunque sia sempre lodato il mio amico Giordano. A questa divinità, ben più antica dell'artificioso cristianesimo, quale trattamento le è stato riservato? La risposta è semplice: l'indecoroso abuso. L'abuso connotato da ibridi neologismi ammantati di falsa sapienza al cui vertice troviamo uno dei più evidenti manifesti della nostra ignoranza ovvero l'abuso del suffisso "crazia" che ormai mettiamo ovunque ammantandolo di un'aura mistica, benevola e sapiente che, però, non ha[22], e allora via libera e sfrenata per i moderni *dotti, medici e sapienti* che riuniti al capezzale della Parola, tutti insieme fanno sfoggio della loro falsa dottrina, alla quale mostrano ipocrita devozione. La devozione dell'ovvietà, della comprensione minima e della insipienza. L'uomo ha perduto la capacità di meravigliarsi di fronte alla Parola e il difetto della meraviglia ha comportato l'involuzione del pensiero e del discorso, i quali sono ormai ridotti ai minimi termini. Siamo i competenti dell'incompetenza, sacerdoti del disagio intellettuale, le vestali che custodiscono la cenere e non più il fuoco. Sacerdotesse di una controcultura che vuole accreditarsi con l'autoritarismo, che impedisce il dissenso e che pone fuori legge il diritto di essere contrari.

Ma l'incompetente è subdolo, come un novello *Cratilo* che si sottrae alla Parola, usa i più astuti sistemi per l'autolegittimazione, come il sottrarsi al confronto con il pensiero diverso dal loro ricorrendo alla forma di scomunica laica più ovvia e banale: l'impossibilità di comunicare all'inferiore il contenuto di un pensiero ritenuto di livello superiore, per cui noi poveri stupidi non siamo in grado di comprendere il grande messaggio veicolato dalla loro imbecillità. Io lo chiamo "lo scudo dell'insipienza", ritenendo che in tal modo la loro posizione di vertice non potrà più essere messa in discussione. Lo scudo dell'insipienza protegge la "piramide dell'ignoranza". Quanta ignoranza in coloro i quali ritengono che sottraendosi al confronto, chiudendosi all'altro, convinti che il rendersi "segreti" sia testimonianza della loro superiore sapienza. Ignorano cosa è il segreto, così come ignorano tutto il resto. Allora vediamo di chiarire il concetto di segreto, ovvero fornire di esso una possibile interpretazione che, ovviamente, non ha alcuna pretesa di essere quella giusta. Segreto proviene dal latino *secretum* che dovrebbe essere il participio passato di secernere. Ricostruito il palazzo della memoria del *secretum*, vediamo cosa potrebbe significare visto che secernere significa tra le altre cose anche separare, scartare e produrre. Segreto ha, pertanto, nel suo intimo una duplice natura, un matrimonio semantico. Una natura attiva che si estrinseca verso l'esterno e una statica, ma non passiva, che testimonia il sigillo posto a salvaguardia del segreto stesso. Questa duplice natura non è da intendersi come separata ma un unico essere che compie una duplice azione, da un lato custodisce il segreto dall'altro lo secerne e lo condivide. Siamo in presenza, quindi, di una specie di *Rebis alchemico*; acciocché carissimo incompetente vorrai mostrarmi ciò che sei in grado di produrre e condividere. Dimenticavo, l'incompetente almeno una cosa l'ha fatta, ha ceduto alla tentazione del diavolo, ha tentato l'omicidio della Parola.

L'uomo vivente, allorquando saggio, è comunque un risultato provvisorio; è un "ente" figlio di uno sterminato passato e di un futuro infinito. L'incompetente no! Egli è espressione della non verità, egli è figlio dell'ipocrisia. E l'ipocrisia è naturalmente portata a scontrarsi con il "dire" autentico e vero. Il dire che viene impregnato dall'elemento parola che proviene dallo sterminato passato, da dove arriva anche l'uomo. Allora un giorno "il dire" sarà nuovamente di tutti e la Parola sarà palingenesi dell'Uomo e il "dire" la sua epopea. Ma vediamo nel dettaglio.

SAPIENTE E INCOMPETENTE.

La morte di Socrate
Jacques-Louis David (1787)

L'irresponsabilità dell'uomo moderno, in particolare dell'uomo occidentale ha un genitore: il cristianesimo, dal quale è iniziato il più grave attacco all'equilibrio della natura del mondo, umana o meno che fosse. Provo a spiegarmi.

Non penso di sbagliare se affermo che viviamo un momento in cui la società pare non avere uno scopo etico e nel quale i valori sono svalutati. Qualcuno dirà: nulla di male, la crisi dei vecchi valori porta all'affermazione di quelli nuovi e, tale circostanza è, senza dubbio, positiva. Però a me sembra che stiamo vivendo *"un limbo vuoto dove non esistono i valori primi e i nuovi non sono ancora giunti"*. Ho già detto, ma forse conviene ripeterlo per giovare alla memoria, che l'uomo occidentale, o quantomeno europeo, ha una duplice formazione: da un lato quella di derivazione culturale dalla Grecia classica e dall'altro quella giudaico-cristiana. Ora, per i greci l'uomo non è il centro degli interessi del cosmo, ma al centro vi è la natura, da intendersi quale universo intero. Su questo universo l'uomo non ha alcun controllo e ha importanza soltanto in quanto parte di esso; possiamo quindi affermare che su tali tratti identificativi la cultura greca è l'antagonista di quella giudaico-cristiana che, per converso, è quanto di più contrario alla cultura di derivazione greca. Ma continuando l'analisi del nostro personalissimo "Rebis" possiamo ancora affermare che per divenire uomini giusti, secondo la cultura greca, era sufficiente conoscere sé stessi ed i propri limiti, vivere con la giusta misura (μηδὲν ἄγαν = nulla in eccesso) verso sé e verso gli altri. Ma la consapevolezza del giusto mezzo, dell'equilibrio si sta perdendo in quanto l'Uomo rifiuta di conoscere i propri limiti e pretende di compiere con la sola tecnica, quel processo palingenetico che, forse, pur gli potrebbe competere. Ciò accade, in larga parte, e ritorno al punto che avevamo indicato per colpa del cristianesimo e per l'imposta alogia.

Qual è il colpo di genio che fa vincere il cristianesimo sulla cultura greca, ed in generale su ogni altra cultura? Quello di aver promesso l'immortalità all'uomo; quello di averlo ingannato con la promessa della vita eterna che si sarebbe compiuta quale premio di una vita condotta senza peccato e nel compiacimento servile verso dio. Il peccato, quindi, era l'elemento di controllo dell'uomo al quale viene promessa l'immortalità in cambio dell'ubbidienza.

Ma cosa è successo quindi? Nel tempo si sono allentati i lacci della paura che tenevano l'uomo legato alla superstizione del peccato. Ed ecco che la bestia si è liberata; essa, una volta libera, si rende anche conto di essere stata privata della parola e del pensiero – per migliaia di anni appannaggio della sola casta sacerdotale – per cui è libera e selvaggia e convinta della sua immortalità. Il cocktail era esplosivo, ed è esploso.

L'uomo bestia, creato dal cristianesimo, si trova nel mondo senza capacità di agire con il giusto mezzo, inconsapevole dei propri limiti e libero dalla catena del peccato ma ancora memore della ingannevole promessa della sua immortalità si crederà un dio e tutto gli è dovuto, ogni dominio gli è consentito, ogni eccesso è conforme alla sua presunta natura divina.

In questo preciso momento possiamo datare l'inizio del degrado, la nascita del disagio della parola. L'eccesso sarà elemento essenziale della condotta umana e la coscienza non sarà in grado di riconoscerlo. È possibile affermare quindi, con un certo margine di sicurezza, che almeno nel mondo occidentale è stato il cristianesimo a dare inizio alla degenerazione e alla depravazione totale dell'individuo e della società. Processo che troverà, poi, il suo completamento con la Riforma Protestante con la quale l'uomo, risolto il problema della salvezza mediante la sola fede, potrà liberamente abbandonarsi ad ogni eccesso.

In definitiva è possibile asserire che la paura di dio e del peccato deresponsabilizzava, quindi, l'uomo il quale doveva attendere una sola cosa, quella di essere salvato. Finita la paura è rimasta l'irresponsabilità! Una massa d'irresponsabili, becera, urlante e laida, non più spaventata dal peccato e ben addestrata all'orrido ed alla ferocia per essere stata abituata per secoli a fingersi contrita bevendo il sangue di quello che gli avevano raccontato essere il loro dio. Un dio più feroce e selvaggio non avrebbe potuto generare null'altro che dei selvaggi quali suoi fedeli. Quale etica vorremo essere insita nella coscienza di siffatti selvaggi? Quale morale potremo pretendere da coloro che hanno creduto ad un dio che perdona i peccati commessi contro di lui, morendo lui stesso e concedendo il suo corpo per un rito di cannibalizzazione e il suo sangue alla folla vampiresca dei suoi fedeli[23]

UNA SPECIFICAZIONE

Per mia fortuna sono libero dall'inganno e dall'angoscia del dogma e della paura, posso provare quindi a determinarmi liberamente nella mia follia. Ciò premesso vorrei provare a formulare una "determinazione" concreta della Parola; ovvero la sua "espressione", quello che, come dice l'etimologia: *ex premere*, quello che ne viene fuori.

Banalmente potrebbe ritenersi che la Parola faccia uscire fuori la coscienza dell'uomo, ovvero consenta l'estrinsecazione della coscienza umana per cui l'uomo costituisce, senza dubbio, la "causa prima" della manifestazione della parola.

Le cose forse stanno così. Ma potrebbero stare anche in un altro modo. Qualcuno ebbe ad affermare che la natura non è una proiezione del nostro spirito (in antitesi a Hegel quindi) ma viceversa il nostro spirito è un riflesso delle sensazioni che la natura produce su di noi. Allo stesso modo possiamo utilizzare lo schema e affermare che la Parola non è una proiezione dell'uomo nel mondo dei fenomeni ma piuttosto siamo noi il risultato che l'impatto della Parola ha avuto sulla natura. Il teorema trova la sua costruttiva evoluzione nel principio per il quale la Parola è principio assoluto e l'uomo è il "processo-risultato" della relazione dell'Assoluto con il fenomeno. Tale dialettica libererà il rapporto tra le parti (ovvero Uomo e Parola) concedendo all'uomo il recupero della propria libertà.

La Parola sarà come il sole per l'uomo legato nella caverna[24].

Ma quale potrebbe essere il rapporto tra Parola e Mito? Aristotele pare che abbia detto, nella sua "Metafisica", che il filosofo è "filomythos"; quindi, sia Logos sia Mythos significano parola, conoscenza, discorso[25]. Significano, in definitiva, la stessa cosa e sono la stessa parte di quella trinità che abbiamo individuato.

Sarà, infatti, solo con il positivismo del XIX secolo che si inizierà a pensarli in maniera scissa, commettendo forse un grave errore, il quale comporterà, lentamente, la relegazione del mito nella sfera della favoletta.

Tale separazione, in alcuni momenti avvenuta in maniera brusca e brutale[26], comporterà che la Parola e le sue determinazioni, tra cui quella relativa all'espressione semiotica del reale, saranno mortificate dal disagio dell'analfabeta e l'analfabeta è ontico ma non ha dignità ontologica è, per coniare un termine, *anontologico*; un guitto che canta il "niente" alla corte del "nulla".

Sarà lui, l'analfabeta, a tentare di dare il colpo finale alla Parola. Sarà lui l'assassino al quale è stato commissionato l'omicidio. Non gli resta che scegliere il luogo per il fatale agguato.

Quale luogo migliore per commettere u omicidio se non quello dove la vittima si sente maggiormente al sicuro ed è indotta ad abbassare la guardia? Quale luogo migliore per l'analfabeta per completare l'opera se non scagliarsi contro la vittima proprio nella sua casa? Quale luogo migliore se non la scuola?

Essa, ormai, ha cessato la sua funzione di educare – che è cosa diversa dall'istruire – e risponde soltanto a stimoli tecnici e criteri economici abolendo dalla sua missione sia l'azione dell'educare sia quella del formare. Non mira più alla costruzione dell'uomo in quanto tale ma mira a formare quell'apparato vivente che ha il solo "scopo-utilità" di essere funzionale al sistema ed alle sue leggi, soprattutto a quelle economico-finanziarie.

La scelta della terminologia scolastica ne costituisce la prova principale. La "paideia", l'educazione, la formazione umana risultano imbrigliate da concetti estranei e ostili come:

- rendimento;
- griglia di valutazione;
- andamento.

Testimoniando, così, l'assoluta

spersonalizzazione del fanciullo in formazione il quale viene considerato alla stregua di uno strumento finanziario oppure come un titolo di borsa. Maledetti! Avete di nuovo abusato dell'uomo e soprattutto della Parola, tentando di distruggerne l'anima usando violenza al suo significato.

Quando e come siamo arrivati al punto di dover affrontare la parola e il discorso mediante "criteri di valutazione" che parlano di produzione, rendimento, andamento? Recentemente ho letto il commento di un docente che riferendosi al tema di un bambino, frequentante la classe V elementare, così si esprimeva: *"il rendimento attuale dell'alunno è soddisfacente. La produzione e l'implementazione della capacità di composizione della lingua, sia scritta sia orale, ha raggiunto un buon livello e si prevede, nel medio periodo, un netto miglioramento"*. Ma che schifo! Avete ridotto la cultura della parola alla descrizione di un titolo finanziario. L'estensione del fanciullo nella natura, la sua capacità di esternare sentimenti e ragionamenti, il mostrare la sua anima o almeno la parte più profonda del suo essere, viene avvilita e ridotta in termini di produttività ed efficienza dell'apparato fanciullo al sistema. Qui e ora l'analfabeta, armato del disagio, è passato all'attacco dell'armonia, della bellezza, in definitiva della "Parola".

Siamo *"bestie"* aloghe ormai, il mondo non è più il regno della bellezza ma l'officina della moneta. La tecnica, il disagio, la snaturalizzazione dell'uomo, hanno preso coscienza di sé, hanno amore solo per sé stessi, ed hanno un potere terribile e feroce su di noi. Ci dominano e schiavizzano avendoci resi schiavi del sistema. Un sistema invertito dove il fine è costituito da quello che era forse solo un mezzo.

L'unico valore dell'"uomo apparato" ormai è quello di essere rispondente al modello imposto e valutabile per l'apporto efficiente al sistema. L'utilità si misura in base ad una griglia che individua la conformità dell'uomo al sistema. Posizionarsi al di fuori della griglia, significa essere fuori dal sistema che, in pratica, è come non esistere. Anche ciò è da ricomprendere nell'effetto della deresponsabilizzazione che si è determinata con il cristianesimo. Allora posso affermare che il nazismo ha perso la guerra ma ha vinto la storia; l'ha vinta nello stesso momento in cui l'uomo è divenuto *alogo*, privo di parola e di coscienza, divenendo un automa privo di responsabilità e organico al sistema, il quale esegue ciecamente ogni brutalità, senza rispondere delle azioni che compie, tanto lui *"ha eseguito soltanto degli ordini"*. Finita la Parola, finiranno bellezza, forza e sapienza e si accenderanno cupidigia e annichilimento.

Qualcuno disse che "Dio è morto", adesso abbiamo ucciso anche l'uomo. Con lui tenteranno di uccidere la "Parola" in quanto l'uomo è la sua manifestazione; l'uomo è filosofo di per sé; ma non filosofo quale espressione di colui che ama il sapere ma filosofo nella diversa accezione del termine, da intendersi quale custode della Luce, custode del chiaro e del vero[27]. Non dimentichiamo che l'uomo, quale portatore dell'amore per il vero, ha determinato l'evento più straordinario mai visto sul pianeta terra, la nascita del pensiero filosofico.

E allora, avanti il prossimo! Alla fine *"ne resterà soltanto uno"*.

UOMO

Con il trasferimento della Parola dall'uomo alla "macchina" ovvero alla tecnica, la Parola perde la natura di strumento esosomatico[28], strumento di conoscenza per l'uomo. Ma cosa succederebbe se divenisse, contemporaneamente, strumento di conoscenza per la macchina? Cosa avverrà nel momento in cui la tecnologia non simulerà più la parola e il discorso ma avrà un procedimento autonomo di formazione del pensiero? sta già succedendo. La rivoluzione della Intelligenza Artificiale è in atto ed è la seconda più grande rivoluzione alla quale l'uomo assiste. La prima fu quella dell'inizio della scrittura nel IV millennio a.C.

L'uomo diverrà, di converso, il nuovo automa e la parola di cui è comunque dotato da strumento analitico si trasformerà in strumento meramente "sintetico". Quello che cerco di dire è che la parola, perdendo la qualità di strumento analitico, non verrà più usata dall'uomo con la consapevolezza della sua natura, ma sarà usata solo in maniera sintetica, insomma verrà usata senza consapevolezza, forse per uno scopo, ma in ogni caso senza che dello strumento si abbia più la sua conoscenza. Conseguentemente si perderà l'Idea ed il Pensiero, la geometria del discorso e l'algoritmo della nostra mappa cognitiva. L'uomo potrebbe divenire, in questo sciagurato caso, anche meno di un automa. L'uomo, infatti, è il prodotto della Parola, l'esito del suo processo di relazione con la natura. La Parola è preesistente all'uomo e non viceversa, solo la scrittura è, ovviamente, successiva all'uomo quale idea per la resa in forma plastica della Parola; quindi, il valore dell'uomo è da determinarsi non in riferimento alla funzionalità all'apparato deviato del nostro sistema sociale ma a quello di custode della Parola. L'uomo quale filosofo e filologo per sua natura ha il dovere della custodia della Parola la quale, seppur d'infinita potenza, soffre nel momento della sua esternazione. Essa, come un Cristo, diviene vulnerabile e mortale, nel momento in cui si incarna nel mondo.

hic et nunc non habeo
dispositionem mentis
latus mundi insanus est
malus imbutus malis libidinibus[29]

LUCA SAVARESE

La Parola è il nocchiero, l'uomo la nave.

LA BELLEZZA

In un tempo arcaico si riteneva che la verità non fosse appannaggio dell'uomo, ma soltanto ed esclusivamente degli dèi.

All'uomo era toccata – per beffarda sorte o per una sua innata predisposizione - la custodia e la divulgazione della Menzogna.

È la menzogna che detta la struttura sociale, la gerarchia tra gli uomini e la stessa (a)morale dominante. La menzogna vincola tutti i consociati più della stessa norma, la quale è, pur sempre, anch'essa figlia della impostura.

Un retaggio di tale convinzione permane tutt'oggi. Nella nostra società, nel nostro decadente metodo di percepire le cose. Infatti, l'idea di verità comunica immediatamente i concetti di obiettività, comunicabilità, universalità, logicità etc., per l'uomo tecnico e di apparato, invece, la verità non può prescindere dalla conformità del fenomeno alla famigerata *"griglia di valutazione"* al di fuori della quale, secondo loro, vi è il nulla e all'adesione ai principi di dimostrabilità e logicità empirica. Forse tutto questo è solo l'immagine del vero ma non è la Verità che non può essere legata a criteri di valutazione quantitativi e qualitativi determinati da soggetti che non sono parte del fenomeno (Verità) che intendono dimostrare. Se fosse diversamente la Verità muterebbe insieme al dato cui è connessa stante l'ineluttabilità della solidarietà dei dati di una determinata equazione. Ma le cose non stanno così, la Verità non è un fenomeno tecnico, essa è la bellezza del mondo, la sapienza dell'uomo nonché la forza della ragione di cui abbiamo detto.

La Verità, per essere ancora più chiari, non è rivelazione ma campo d'indagine, diversamente si ricadrebbe nell'errore del dogma tanto caro ai preti. Essa è intimamente connessa alla Parola, al Logos, al Mito ma anche al Mistero. Essa è intimamente connessa anche all'IO, a quell'Io che deriva dal pronome dimostrativo *hic*, come a volerci dire "si sono Io, sono proprio questo qui".

La Verità è, infine, l'espressione dell'equilibrio più completo dell'ordine universale; tutto contribuisce al suo disvelamento; ogni elemento materiale o immateriale contribuisce all'edificazione dell'edificio. La Verità è collettiva e democratica. È sia strumento, sia fine.

Ma sussiste un problema, almeno per me, al quale occorrerà trovare una soluzione e mi farà piacere ricevere il vostro aiuto. Mi spiego. Tutta la moderna concezione del mondo sembra basarsi sulla convinzione che le leggi dell'uomo siano la spiegazione per ogni fenomeno che si interfaccia con noi. Orbene, questo è da considerarsi un limite imposto dalla visione meramente tecnica della realtà, questo è il procedimento cognitivo dell'uomo tecnico ma deve esserci qualcosa di più. Se abbandoniamo la visione meramente tecnica del mondo che ci circonda forse riusciamo a intravedere per un momento come la Verità pura non corrisponde al nostro modo di percepirla e, soprattutto, alla nostra illusione di possederla. La tecnica, e di conseguenza l'uomo tecnico, possiede solo un frammento della Verità e non l'insieme.

Ah! Se il maiale comprendesse che la sua salvezza è nel digiuno!

Devo aggiungere che il medesimo disagio nei confronti della Verità che si rinviene nell'uomo tecnico proviene anche dall'uomo religioso – specialmente il cristiano – entrambi sono nemici della libertà di pensiero, entrambi ferocemente additano coloro che non si conformano alle loro idee. L'uomo di religione cristiana, poi, rincara la dose giungendo a negare l'*essere* e attendendo il *non essere* per l'egoistico fine della propria salvezza. Ecco, in questi termini posto, io affermo di odiare il cristianesimo, e lo odio così tanto almeno quanto amo la natura dell'essere. I religiosi, in ogni caso, fanaticamente si ritengono depositari della verità assoluta e immediatamente saranno pronti a scomunicare, ciascuno a modo suo, coloro che avranno l'impudenza di dissentire. Loro auspicano una umanità di depressi culturali e nulla importa se questa dovrà essere costruita con i roghi e le scomuniche. Sia la tecnica sia la religione in genere -ed il cristianesimo in particolare- hanno indotto nell'uomo l'idea dell'inutilità della vita; i primi affermando l'esistenza del nulla dopo la morte, i secondi affermando che la vera vita sarà solo dopo la morte e, pertanto, questa che stiamo vivendo è vana. Lo scopo, per tutti questi simpatici bigotti, è quello di soffocare il pensiero vincolandolo al dogma, sia esso scientifico o religioso, poco interessa.

Il dogma scientifico è innaturale per la sua insita capacità di rigettare ogni forma di critica, così come quello religioso rimette all'arbitrio di un ministro l'individuazione della corretta manifestazione del sentimento religioso nella vita quotidiana.

Scopiazzando da Erodoto, potremmo dire che *"essi hanno lo stesso sangue e parlano la stessa lingua"*.

***

Ma perché le leggi dell'uomo non sono l'unico strumento di lettura? Perché affermo che vi è qualcosa di celato? Se la scienza non accetta l'inspiegabile in quanto appunto non definibile in modo scientifico, non necessariamente vuol dire che l'inspiegabile, l'invisibile non esistano.

Ipnotismo, trance mesmerica etc. etc. sono fenomeni – al netto delle truffe – ai quali è possibile riconoscere la dignità di avvenimenti *potenzialmente* reali, sebbene ancora inspiegabili. L'esistenza di una "natura immateriale" non è da

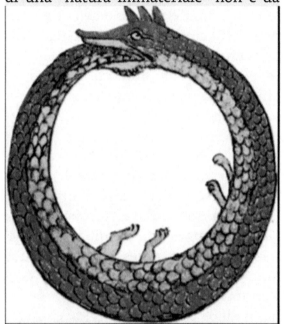

escludere in maniera dogmatica. Forse esiste una realtà non ancora riconoscibile che esiste in una dimensione di spazio e di tempo a noi estranea, regolata da una diversa legge di causalità (ammesso che esista) e dove spazio e tempo non sono una evoluzione lineare ma il domani è accaduto prima di oggi e, su questo punto, potremmo sbizzarrirci da Nietzsche a Einstein – Rosen, passando per l'autoconsistenza di Novikov sino alla fisica dei Quanti, senza tralasciare l'Apocatastasi o anche Allan Kardec, Leopardi e Mozart.

Ma perché allora il titolo del capitolo è "La Bellezza"? Perché la bellezza si manifesta a noi costantemente; essa si manifesta con il dubbio, con il mettere in discussione ciò che pretendono di imporci come verità assoluta non criticabile. La bellezza è nella libertà dell'anima umana di ribellarsi alla dittatura culturale, alla volontà di renderci subumani, di inebetirci con

TikTok e altre varie "amenità".

Bellezza, forza e saggezza contraddistinguono l'anima nobile che, da tempo ormai, si batte contro il potere insensibile e ottuso della "scimmia e del suo bastone".

LA LUCE SUL VULCANO...
[30]

L'uomo è ciò che mangia ci disse Feuerbach, iniziando in tal modo il percorso del materialismo dialettico; con buona pace di quest'ultimo, però, devo dire che – a mio avviso – l'uomo non è ciò che mangia ma ciò che pensa. Egli è la rappresentazione materiale del trinitario pensiero-parola-discorso. Diversamente opinando, volendo tenere per buono quanto detto dal caro Ludovico, l'uomo non si distinguerebbe da nessun altro essere vivente. Invece, i tratti distintivi dell'essere-uomo sono proprio l'essere la parte terminale del principio primigenio della parola e questo è facilmente dimostrabile in quanto l'uomo è l'unico essere che, in aderenza allo spirito creatore della Parola che lo possiede, plasma la realtà che lo circonda al fine di soddisfare il proprio interesse, a volte, però, abusandone. La struttura del reale, quale rappresentazione della razionalità umana, è soggetta al potere di creazione e trasformazione dell'uomo, potere che gli viene riconosciuto in forza ed in virtù della contiguità con l'Uno primigenio, ovvero la Parola. Quanto detto dovrebbe accontentare anche i nostri amici cristiani posto che Cristo disse che il "regno dei cieli è nascosto in un campo" così come la Parola è nascosta nell'uomo. E se ciò corrisponde al vero allora aveva ragione chi affermava che l'uomo è fatto della stessa materia dell'universo. Aveva ragione! Allora quale miglior premio di un bel rogo? Evidentemente il rogo era lo strumento più idoneo per forzare l'instillazione della paura nell'uomo, paura verso la vita, verso il pensiero, verso se stesso.

Ma quest'uomo non aveva diritto di albergare in questo mondo, per cui doveva essere dato il via alla reazione per mezzo della "rivelazione".

L'induzione, da parte del pensiero religioso, della depressione culturale nell'uomo ispirando forme di estrinsecazione dell'uomo connotate da un pensiero sintetico piuttosto che analitico. Noi stiamo vivendo l'epoca di una barbarica comunicazione, priva però di Parola, illimitata, disponibile a tutti ma senza contenuto e senza un fine. Per cui abbrutiti dalla tristezza e con questo continuo e disturbante balbettio nelle orecchie procediamo come maiali verso il trogolo, selvaggi e iracondi, preoccupati soltanto di saziarci anche se domani per noi è solo morte. Se potessimo, anche solo per un momento, fermarci ad ascoltare i nostri grugniti capiremmo quanto era giusta e saggia Circe che adeguò, con la magia, la forma dell'uomo al suo vero contenuto[31]. L'identità non è un valore naturale, non è una qualità che il soggetto eredita al momento della nascita, non è nel corredo genetico dell'individuo, piuttosto essa è frutto di una scelta che, più o meno consapevolmente, noi compiamo al fine di rappresentare noi stessi nel mondo.

La scelta di essere dei maiali è la nostra. Essa è frutto della nostra confusione e del nostro scollamento dalla scala valoriale del vero e del giusto. Questo scollamento comporta, poi, l'ulteriore dato per il quale l'uomo moderno non è più propenso alla valutazione di sé, ma solo alla valutazione, spesso negativa, dell'altro. E la valutazione dell'altro (o degli altri) è frutto sempre di una rabbia e di un disagio sociale che ha le sue radici in un lontano passato; a questo si aggiunga l'imposizione per decreto dell'assimilazione forzata di ciò che simile non è, creando così nicchie categoriali che sono foriere di solo danno. Nicchia, già la parola induce a pensare alla morte, al buio e al niente. Volutamente parlo di "niente" e non di "nulla" perché quest'ultimo ha la dignità di appartenere al "Tutto", di appartenere alla Parola, di esserne fondamento.

"...e l'universo svanì dinanzi alla parola, si dissolse e si vanificò nella parola, e tuttavia era ancor contenuto nella parola, custodito in essa, annientato, e creato ancora una volta e per sempre, perché nulla era andato

perduto, perché la fine si univa col principio, rigenerato, rigenerante; la parola si librava al di sopra del tutto, si librava al di sopra del nulla, al di là dell'esprimibile e dell'inesprimibile: ed egli, travolto e al tempo stesso avvolto dal fragore della parola, si librava con lei; tuttavia, quanto più quel fragore lo avvolgeva, quanto più egli pene

trava nel suono fluttuante che lo penetrava, tanto più irraggiungibile e tanto più grande, tanto più grave e tanto più evanescente si fece la parola, un mare sospeso, un fuoco sospeso, con la pesantezza del mare, con la leggerezza del mare, e tuttavia sempre parola: egli non poteva ricordarla, non doveva ricordarla; essa era per lui incomprensibilmente ineffabile, perché era al di là del linguaggio"[32].

Ma non dobbiamo cadere vittime del silenzio nudo di Leopardi, non possiamo e non dobbiamo, per cui compreso l'oggi che ci è nemico costruiamo lo ieri che sarà.

OGGI

Abbiamo detto che il decadimento culturale è diretto erede di quello morale, a sua volta figlio della confusione. L'oggi è identificabile con l'assoluta perdita della dignità. Questa la nostra epoca, questo il teatro in cui siamo attori.

Una perdita di dignità[33] dovuta ad un procedimento di deresponsabilizzazione (tra le cui cause occorre ricordare la religione) dell'uomo che sfocia in una volontà di "trasferimento", inteso anche – ma non solo – quale volontà di ottenere uno stato di felice ebetismo nel quale non avvertire più il dolore derivante dalla condizione umana.

Una delle declinazioni del

trasferimento è quella che viene denominata coma "intelligenza artificiale" il che già assume un certo grado di ridicolo. In ogni caso il trasferimento della parola dall'uomo che sarebbe il naturale terminale della stessa alla macchina, che non lo è, dà luogo ad un processo di emulazione del Pensiero-Parola, rendendo lo strumento analitico del principio assoluto una copia sintetica del Noùs. La copia sintetica è una nuova e più moderna formulazione del "bastone della scimmia", la parola sintetica, come per il detto bastone, non si trova alcuna utilità subito dopo la sua utilizzazione. Pertanto, così come la scimmia getta il bastone subito dopo che lo stesso è stato utilizzato per far cadere la frutta dall'albero in quanto non comprende la funzione strumento dello stesso, così la parola sintetica non ha alcuna forza, capacità o valenza effettiva e si riduce a sterile verbosità comunicativa. In questo modo Pensiero e Parola, i quali sono l'algoritmo informatore dell'esistenza umana, vengono svuotati di ogni significato. L'uomo è il creato dalla Parola e non il contrario, ma con il sintetismo si compie l'innaturale contrario; e l'innaturale contrario costituisce una violazione dello schema naturale, una distonia e ogni distonia, se non ricondotta nell'alveo della normalità, avrà effetti a cascata su tutto il resto, finendo per indebolire la Parola, la quale nella fase della esternazione umana già trova il suo punto debole. In sostanza potremmo dire che è il corpo dell'uomo il punto debole della parola in quanto la dimensione biologica dell'uomo (inteso quale Körper[34], quale corpo oggetto) è la tomba della Parola (il Leib invece ne è il custode) e se è vero ciò a maggior ragione la debolezza della Parola si esaspererà quando verrà imprigionata nel corpo di un automa.

VERITÀ

Un tempo la Verità non era appannaggio dell'uomo comune, al quale piuttosto era affidata in custodia la menzogna, ma appannaggio del maestro ispirato, o del poeta[35]. Ancor prima di giungere sulla bocca del maestro, essa era prerogativa del mondo degli dèi anziché che di quello degli uomini.

In una società scientifica come la nostra, il vocabolo verità comunica immediatamente i concetti di obiettività, comunicabilità, universalità, certezza ed altro. La verità quindi nell'attualità si colloca su due piani. Il primo che individua la verità nella conformità a determinati principi logici; il secondo che la individua per mezzo della conformità alla realtà. La verità, perciò, deve essere logica e dimostrabile. A mio parere però questa concezione della verità non è né completa né esaustiva, essa è solo una immagine del vero ma non la verità, perché ancorata all'unico dato, quello della realtà. Essa non sarà fissa ma muterà al mutare del dato cui è solidale, costituendo in tal modo una semplice *imago veritatis*.

La verità, invece, è più complessa non consiste soltanto nella relazione di un determinato dato o di una determinata cosa con un soggetto conoscente. Ed a tal punto diversa che nulla può essere conosciuto a prescindere dal vero e conoscere la *ratio entis* non equivale a conoscere la *ratio veri*[36]. La Parola non è immagine della verità, essa in quanto creatrice della realtà è necessariamente creatrice anche della razionalità. Essa è il *Logos* e quindi *Aletheia*. L'uomo in quanto custode della Parola non è in cerca della Verità ma è egli stesso la Verità anche in senso iniziatico-misterico come veniva intesa nella Grecia arcaica. Non potrebbe essere diversamente. Infatti, se la Verità fosse elemento distinto e altro rispetto all'uomo il rapporto si sostanzierebbe in una proiezione dell'uomo verso la Verità. Il fenomeno proiettivo dell'uomo verso l'*aliud* implicherebbe un certo grado di incompletezza del soggetto che si proietta nei confronti dell'oggetto della ricerca e, dunque, incompatibile con la perfezione della Parola.

Essa poi è elemento sociale primo in quanto ogni uomo, più o meno consapevolmente, contribuisce alla custodia e alla divulgazione della Verità. Ma la divulgazione non può avvenire soltanto mediante la tecnica e la scienza, tale metodologia non sarebbe completa perché non comprenderebbe la fase misterica della Verità e della Parola. L'uomo deve compiere l'accettazione che non esiste solo la tecnica ma questa deve essere oggetto di un procedimento sincretico con altro; con l'occulto, con il misterico, con ciò che unisce e rende la stessa cosa l'uomo e l'universo[37], l'uomo e la materia, ovvero che rende l'uomo dio.

CHI E COSA

"Mi brucia, Prometeo, la tua vista:
assalto, ai miei occhi, d'una nebbia
angosciosa velata di pianto
a vederti disfatto sul sasso
nello strazio d'acciaio che inchioda.
Giovani dèi alla barra: è loro dominio
l'Olimpo. Domina Zeus
con regole di strano stampo
non radicate alla legge. Disperde
la grandezza d'un tempo".[38]

Perché proprio a noi è toccato in sorte di assistere al violento attacco nei confronti della Parola? Perché forse siamo stati scelti noi per difenderla, verrebbe da dire. Ma la Parola ha necessità di essere difesa? La cialtronaggine, l'incompetenza così come la violenza o l'ira, la rappresentazione dell'altro in senso negativo piuttosto che l'individuazione del proprio io in senso positivo, etc. etc. sono effettivamente in grado di attentare in qualunque modo alla Parola? L'esercizio del potere in luogo del sapere prevarrà sul *Logos*?

Ma procediamo con ordine. Analizziamo dapprima *Chi* attacca *Cosa*? Chi attacca potrebbe essere diviso in tre categorie principali (a loro volta suddivisibili in ulteriori sottocategorie):

- i bugiardi, ovvero coloro che negheranno sempre e comunque il valore del Pensiero e della Parola. Sono i più pericolosi in quanto sofisti sopraffini indurranno tutti a conformarsi al loro pensiero;

- i caudatari, i quali tentano di attirare la benevola attenzione dei bugiardi e operano per compiacere i primi;

- i buoi, i quali non si pongono alcun interrogativo ma ruminano ciò che gli è stato proposto.

Tutte le già menzionate categorie sono poi accomunate dall'autoreferenzialità assoluta e dalla palese ostilità verso coloro che non si omologano. Un po' come chiamare sudicio chi si rifiuta di lavarsi con il fango.

Definiti, per sommi capi gli attaccanti, cercherò di chiarire quale è l'oggetto del loro attacco, la parola quale realtà ontologica seconda rispetto alla Parola primigenia da cui promana.

Inizio con il dire che la Parola - che per comodità di espressione definirò in questa sede con l'aggettivo "reale" – potrebbe essere definita o come un *ente di natura metafisica non sinolico ma unitario* ovvero un qualcosa dotato di essenza ed esistenza anche in assenza di forma e materia, oppure come un fenomeno storico con valore unico e immediato. Le definizioni – a mio avviso entrambe valide – saranno scelte dal lettore; *quidquid recipitur ad modum recipientis recipitur*.[39] Nella Parola e nella sua estrinsecazione non è possibile identificare una tesi, una antitesi ed una sintesi ma non è anti-dialettica; il fenomeno parola, ovvero la Parola nel momento della realtà, è necessariamente unitaria ed anche statica in quanto non prevede le fasi dette. È ancora fenomeno assoluto in sé e per sé in quanto non può avere alcuna evoluzione e/o progresso essendo un cerchio perfetto ma è lo stesso soggetta ad espansione pur restando se stessa come è vero che un che un cerchio di circonferenza minore inserito in uno maggiore avrà lo stesso numero di punti a costituire la stessa. Ciò in parte la mette al riparo dagli attacchi che subisce atteso che l'assoluto non può essere minore di se stesso e perciò non può regredire.

Infine, nel momento in cui diviene reale la parola è di per sé razionale. Mi venga concessa una brevissima digressione sul carattere non sinolico della Parola e sulla sua essenza ed esistenza in assenza di materia e forma almeno nella prima fase della realtà che crea.

La Parola che è per larga parte estranea ed indipendente all'uomo è però il legislatore dell'uomo e lo utilizza per manifestare se stessa. L'uomo diviene quindi la materia della Parola, almeno in via mediata.

Per quanto concerna la forma essa è esistente di per sé posto che la Parola è

Assoluto e contiene la forma. Mi spiego, la Parola esiste così come la forma esiste, me esse non possono essere separate devono essere necessariamente un unico principio in quanto alla Parola che è Assoluto non potrei sommare la forma in quanto il risultato sarebbe ugualmente Assoluto. Vale il medesimo concetto che affermava San Tommaso allorquando affermava che "il mondo c'è, anche Dio c'è ed il mondo sommato a Dio da come risultato sempre Dio". Quindi la parola reale c'è ed è presente al nostro intelletto, essa è *verum* per cui avremo che *ens et verum convertuntur*, ovvero l'uomo e la parola sono l'uno dell'altro indissolubilmente. *Idem est cognoscens in actum et cognito in actu.*

L'ente è essere ma non è L'Essere primo che è logicamente precedente e cronologicamente successivo.

La Parola è la vera *res quae nulla alia re indigeat ad existendum*, essa è *a priori* ed ingenerata. Essa, assoluta e infinita, non può ricevere detrimento alcuno da fenomeni limitati, non potendosi sottrarre alcunché.

LA TESI DEL "PRE..."

L'autosufficienza del mondo fenomenico è frutto di un "dogma" che ci è stato imposto. Il mondo come realtà che percepiamo attraverso i sensi, l'intuito e quant'altro non è individuabile nella sua dimensione ontica prima e ontologica poi senza il potere della Parola, senza la coscienza del custode, ovvero senza l'uomo. Essa è fuori dal tempo e dallo spazio, ma in grado di dare immediato accesso al sapere completo. È grazie ed in virtù della Parola che possiamo affermare l'inesistenza o l'esistenza di enti conosciuti, conoscibili o ignoti. Infatti, se l'ignoto è ciò che non conosciamo, nel momento in cui siamo in grado di pensarlo e nominarlo esso non è più ignoto ma noto. Un poco come dire che l'irrazionalismo non esiste proprio perché per definirlo bisogna ricorrere alla ragione e ciò che si spiega con la ragione non può essere contrario alla ragione stessa.

Orbene, riesco a conoscere mediante la Parola il creato fenomenico, ma riesco a conoscere la Parola in sé? La Parola in sé è strumento di conoscenza oppure è conoscenza di per se stessa? Non deve compiersi l'errore di intendersi la Parola come un semplice fatto fenomenico, ritenendolo mero strumento per imparare, comunicare e rivelare; essa è come spirito che feconda e crea il fenomeno, è di nuovo l'alto che comanda il basso. Quasi una concezione gnostica nella quale l'uomo è come un pellegrino attraverso i fenomeni che cerca di raggiungere la piena coscienza e la conoscenza della Parola in sé, durante il viaggio, però, il pellegrino sulla strada della "*sofia*" sarà affaticato e appesantito dal proprio corpo, dai propri pregiudizi, dalle convinzioni che gli sono state imposte. Per noi sarà difficile conoscere ciò che non è collocato nello spazio e nel tempo, ciò che non è materializzato e formato. La Parola in sé non è definibile con l'intuizione di un fenomeno essa costituisce il *prius*, essa è la "sfera pre-sapienziale". Spezza la catena dell'ignoranza individuandone il limite e giunge a interrogare solo se stessa in quanto solo dalla Parola in sé può ottenere come risposta la Verità. Fuori dallo spazio e dal tempo essa si muove solo sul piano della Verità, ovvero sempre se stessa.

La Parola è Verità in sé e non necessita

di alcuna "rivelazione" e di nessun miracolo, è già uomo ed è già nell'uomo ma non è stata contaminata dall'uomo il quale la custodisce ma non la possiede. È ingenerata e viene prima dell'Essere e non necessiterebbe nemmeno del suono in quanto sarebbe sufficiente la proiezione della Parola dalla coscienza alla mente. A volte tale proiezione precede il fenomeno o la realtà ed è quello il momento in cui l'uomo – anche solo per un momento – riconquista la sua vera essenza e la conseguenziale potenza ricongiungendosi con il primo principio assoluto, in armonia con l'UNO TUTTO e parte di esso. In quel raro momento, "strani" episodi (a detta dei buoi) accadono.

ANCORA SUL PENSIERO, LA PAROLA E LA LINGUA

Avevamo accennato al rapporto tra lingua e Parola, occorre adesso dare qualche delucidazione maggiore alla luce della duplice natura reale e di essere primigenio della stessa.

La lingua, qualunque essa sia, è integrata con il proprio passato è frutto di una evoluzione del dire, la Parola non è cosa in sé primigenia e contiene il Tutto, è creazione e creato allo stesso tempo. È priva di causa e viene prima di ogni causa. È ciò che era ben prima dell'essere, ben prima dell'esistenza della condizione iniziale da cui iniziò l'universo; infatti, il Big Bang ha già la sua lingua, il suo linguaggio costituito dalla "radiazione cosmica di fondo", l'esistenza di questa prima lingua presuppone ovviamente la preesistenza della Parola, senza la quale la voce della radiazione non avrebbe legittimazione ad esistere.

La Parola non è un suono, non è un luogo, non è un concetto, non è un'idea, non è un numero, non è nemmeno un segno grafico o un simbolo, ma è tutte queste cose insieme. Essa è infinita ma al tempo stesso infinitamente piccola; in essa inizio e fine sono la stessa cosa. Un infinito uguale a zero. Il che sarebbe anche teoricamente dimostrabile nel senso che segue:

$$\infty + \infty = \infty$$

, ma se infinito più infinito non può dare altra soluzione

che non infinito, se togliamo il valore infinito da entrambe le parti

$$\infty = 0$$

dell'equazione avremo che .

La Parola è prima dell'Eone Primo, evocata (giammai creata) dagli uomini quasi come una "forma-pensiero", quasi come una eggregora. È la Parola che consente anche le rivelazioni di ogni religione affinché l'uomo non si senta solo e cerchi un effimero appagamento alla sua angoscia; quindi, correttamente dovremmo affermare non l'esistenza della parola di dio, ma dio dalla Parola.

L'affermazione iniziale di questo libretto circa la perdita o il degrado della Parola (anche nella sua accezione di suono articolato e modulare che rende possibile la comunicazione tra uomini) la quale avrebbe comportato, con un meccanismo definibile "a cascata" il decadimento dell'intera realtà sensibile forse merita di essere rivista. Si è affermato che l'irrazionale non esiste in quanto la ricerca della sua stessa identificazione necessita di un ricorso alle strutture razionali. Ora se tutto è riconducibile alla ragione – anche ciò che è nominalmente contrario ad essa – dobbiamo necessariamente essere d'accordo con Hegel e dire che tutto il reale è necessariamente razionale. È evidente, dunque, che se la Parola – anche nell'ipotesi in cui colpita dall'imbarbarimento – è capace di creare una realtà razionale allora dobbiamo convenire che non è essa l'oggetto del decadimento ma solo il suo strumento esosomatico, cioè l'uomo. L'imbarbarimento, il degrado e la perdita della Parola sono quindi imputabili solo all'uomo che devia dal senso vero della stessa e crea una distonia tra la Parola (perfetta in sé) e la realtà (imperfetta non in sé, ma nella percezione che noi abbiamo di essa). Possiamo perciò confermare che la realtà è razionalmente perfetta ma noi non la percepiamo come tale e divulghiamo solo la distonia che ne abbiamo provocato per nostra incapacità; ergo, ai rapporti di causa-effetto siamo in parte inadeguati.

SCONCLUSIONE

Non ho altro da dire, il pensiero che
ho formulato non si presta ad una
conclusione, non può avere una e nessun
epilogo sarebbe coerente con la Parola
in sé. Esso costituirebbe – come ogni
conclusione che si rispetti – un punto
fermo alla articolazione del pensiero,
un confine alla Parola estrinsecata. Ma
questo non può essere, o se è non
sono in grado di comprenderlo e se
mai lo avessi compreso non sarei capace
di condiviederlo. L'infinito pensiero
e l'infinito sapere quali declinazioni
dell'infinita Parola non è comunicabile
né condivisibile. Non è prerogativa
dell'uomo il quale percepisce ancora

soltanto l'intero, ma non il Tutto. Non so bene spiegare perché la Parola in sé è il primo principio formante, ovvero ciò che crea ma non è creato (per dirla alla Giovanni Scoto Eriugena) ma prima di tutte le cose, ma alcune circostanze militano a favore di questa tesi. La prima consiste nell'inizio dell'universo conosciuto, il quale si è annunciato con un suono, ovvero con una Parola espressa. Essa, pertanto, è collocabile prima dello spazio e prima del tempo, al di fuori di queste dimensioni che però sono in essa contenute perché da esse promanano.

la seconda è che la teoria non sarebbe di per sé meno credibile di un dio figlio generato ma non creato da un dio padre, il quale muore per un peccato che non conosciamo e che comunque non avremmo commesso, decidendo di redimerci obbligandoci a mangiarlo e berlo durante una cerimonia il cui officiante è spesso non migliore dei seguaci.

Allora un augurio, quello di apprestarci a vivere, quanto prima nel corso della nostra avventura terrena, l'attimo della fusione tra prescienza, conoscenza e volontà dell'uomo; ma questa è un'altra storia di cui forse diremo; *fa ciò che vuoi sarà l'unica Legge.*[40]

---

[1] Non a caso il bisogno è sempre ed esclusivamente personale. Le parole non mentono: persona = per se unum

[2] Ovvero la parola ottima e non la parola ovvia (ab via) quella che trovi per strada (I. Dionigi, La Parola – FCS 2021)

[3] Frase la cui paternità va riconosciuta a Ivano Dionigi

[4] Gioacchino Rossini, "Il Barbiere di Siviglia" – atto I, aria "La calunnia è un venticello".

[5] Baruch Spinoza - Etica (1677), Ed. Bompiani, 2007

[6] Giambattista Vico teorizzò il concetto di ontogenesi e filogenesi. Lo sviluppo e la crescita del singolo uomo sono in rapporto costante e parallelo con quello dei popoli.

[7] *Alla fine del tuo tempo avrai abbandonato le illogiche sacre autorità e troverai rifugio nel cuore della Logica e della Dialettica. Sostituita la felicità con la Rettitudine, il tuo tempo sarà di nuovo armonicamente. Uno con l'Unico. Non nella positiva sostituzione ma nella intima conversione si pone il vero, il buono e il bello. Non è con forza di ragione ma innata concezione.*

[8] È noto che Edmund Husserl custodiva con piacere nel suo studio, una copia di questa incisione a bulino di Albrecht Dürer, oggi custodita nella Staatliche Kunsthalle di Karlsruhe in Germania.

[9] Umberto Eco, Il Nome della Rosa, Ed. Bompiani, 1980

[10] Giordano Bruno, "De Monade, numero et figura".

[11] Il Vangelo secondo Giovanni, 14:6

[12] Il Vangelo secondo Giovanni, 1:1

[13] Wilhelm von Humboldt

[14] Scit enim Deus quod in quocumque die comederitis ex eo, aperientur oculi vestri, et eritis sicut Deus scientes bonum et malum, Genesi, 3,5

[15] Giordano Bruno

[16] F. Nietzsche, "Umano, troppo umano", 1878, 113

[17] F. Nietzsche, *Al di là del bene e del male: Preludio di una filosofia dell'avvenire*, 1886

[18] Sant'Agostino, De vera religione XLIX, 94

[19] Giordano Bruno

[20] Giovanni, Apocalisse, cap. IX

[21] Isaia, 24,11

[22] Il sostantivo [dal sostantivo Kratos e dal verbo κρατέω (krateo)] indica il potere assoluto, il potere che soggioga l'altro privandolo della libertà.

[23] F. Nietzsche "Umano, Troppo Umano"

[24] Piccola nota d'entusiasmo. È mai balenata anche a voi l'idea che Platone, con il "mito della caverna", ha reso in maniera plastica, quasi cinematografica, la definizione di cosa è la filosofia? Ma che grande bellezza!

[25] *"però colui che non trova spiegazione e che si sorprende riconosce la sua ignoranza, poiché colui che ama il mito (filomythos) è come colui che ama la conoscenza (filosofos)".* Aristotele *"Metafisica"* riportato in *"Una nuova epoca nella storia della filosofia: il dialogo mondiale tra tradizioni filosofiche"* di Enrique Dussel, in América Crítica. Vol. 1, n° 1, giugno 2017, pag. 214.

[26] Il riferimento non può essere ad altro che all'avvento del cristianesimo.

[27] φιλέω (fileo) = proteggere + σαφής = chiaro, evidente, sicuro, intelligibile.

[28] Carlo Sini sostiene che l'evoluzione dell'essere umano è la conseguenza della capacità di fabbricare e utilizzare strumenti che, in sostanza, costituiscono un prolungamento del corpo e del suo agire al di fuori di esso. Anche la voce, però, deve essere annoverata tra la strumentazione dell'uomo al di fuori del corpo.

[29] Franco Battiato – "U cuntu", tratto dall'album "Inneres Auge - Il tutto è più della somma delle sue parti". Parole di Franco Battiato e Manlio Sgalambro - Musica Franco Battiato – 2009 – Universal.

[30] Franco Battiato, "Da Oriente a Occidente", tratto da "Sulle corde di Aries", 1973.

[31] Giordano Bruno

[32] Hermann Broch, La morte di Virgilio, Feltrinelli, 1993

[33] Per un inquadramento del significato del termine **dignità** rinvio a https://accademiadellacrusca.it/it/contenuti/dignit/7954

[34] Edmund Husserl

[35] Marcel Detienne – "I maestri di verità nella Grecia arcaica", Laterza, 2008

[36] San Tommaso d'Aquino

[37] Un approccio sincretico tra elementi ideologici apparentemente inconciliabili viene tentato e attuato nel percorso dettato dalle società iniziatiche tradizionali, in Italia dal Grande Oriente d'Italia.

[38] Eschilo, Prometeo Incatenato

[39] Ciò che viene ricevuto in un soggetto è ricevuto secondo la natura del ricevente.

[40] Aleister Crowley

Printed in Great Britain
by Amazon

32672827R00076